SOLI DEO GLORIA

Anima Contemplativa Christiana

Georg P. Loczewski

Christianas tröstende Perlen

Christianas Freude an Gott

www.tredition.de

IMPRESSUM

Copyright ©2018 Georg P. Loczewski
Typensatz erstellt vom Autor mithilfe von LaTeX 2_ε
Die Grafiken wurden vom Autor in *Postscript* programmiert und bei Bedarf mit dem *Gimp* modifiziert.

1. Auflage 2018
Verlag & Druck: tredition GmbH, Hamburg

ISBN
978-3-7469-5819-4 (Paperback)
978-3-7469-5820-0 (Hardcover)
978-3-7469-5821-7 (e-Book)

Internet:
— **http://www.alpha-bound.de**

Siehe auch:
— **'Christianas brennendes Licht'**, Georg P. Loczewski
— ISBN: 978-3-7469-2531-6
— tredition-Verlag, Hamburg 2018
— **'Christianas Bilderbuch'**, Georg P. Loczewski
— ISBN: 978-3-7469-2350-5
— tredition-Verlag, Hamburg 2018
— **'Emmanuel — Gott mit uns'**, Georg P. Loczewski
— ISBN: 978-3-8107-0265-4
— Bernardus-Verlag, Aachen 2017

Inhaltsverzeichnis

Vorwort

Dieses Büchlein ist ein Auszug aus dem Buch 'Christianas brennedes Licht' (*ISBN 978-3-7469-2931-6*) mit dem tröstenden Aspekt von Christianas Perlen im Blickfeld. Jede Perle möge der Leserin oder dem Leser eine beglückende Quelle für das beschauliche Beten werden!

Da Gott das höchste Gut ist, das man sich denken kann, da Er die Ursache von allem ist, was uns je Freude bereitet hat und da wir mit Ihm in Kontakt treten können, wenn wir an Jesus glauben, wird es für uns immer möglich sein, in Qott die wahre Quelle der Freude und des Trostes zu erfahren.

Verwendete Bibelübersetzung

Die meisten Bibelzitate stammen aus der *Schöningh'schen Bibel von Henne-Rösch (siehe:* *https://bibel.github.io.HenneRoesch/index.html).* In den Fällen, in denen andere Quellen verwendet werden, findet man eine Anmerkungsnummer im Text, die auf eine entsprechende Anmerkung im Anhang verweist.

Die gesamte Bibelübersetzung von Henne-Rösch steht auf folgender Web-Site zur Verfügung: *http://www.alpha-bound.de.* Siehe den letzten Punkt im Menue: «Multi-Lingual Bible Server».

In diesem Buch begegnet uns sehr häufig das Wort «Logos», das der hl. Johannes in seinem Evangelium im Urtext als Bezeichnung für unseren Heiland verwendet. Wir folgen hier den Ausführungen von *P. Streicher S.J.* in seinem «Das Evangelium in Sinnzeilen»*(Siehe: Lit.[9] auf Seite 196),* in denen er dazu folgende Erklärung abgibt:

1

„...Ja erst Johannes hat das Wort *Logos* in jener tiefen Bedeutung erfaßt, in der es nun für immer im Text der neutestamentlichen Offenbarungsurkunden, und zwar in der ersten Zeile des LOGOS-HYMNUS, steht: .... Der Terminus 'Logos' wurde, weil *nicht übersetzbar*, im Text beibehalten."

Eine Erläuterung der Bedeutung des Wortes LOGOS in der griechischen Kultur, aus der Johannes den Begriff genommen hat, kann man auf folgender Web-Seite finden:
em http://www.alpha-bound.de/alphome/html/lambda.html

Anmerkung zu den Grafiken auf den Deckblättern

Grafik auf dem Außendeckblatt

Die Grafik auf dem Außendeckblatt enthält 12 Sinuskurven mit dem Text **'Soli Deo Gloria'**. Die Zahl 12 entspricht der *Anzahl der Apostel Jesu.*

Die *Sinuskurve* entspricht der mathematischen Sinus-Funktion nach der in unserem Kosmos harmonische Schwingungen gebildet werden. Letzteres bedeutet, daß jeder reine Ton in der Musik einer Sinusschwingung entspricht.

Der Text heißt wörtlich übersetzt: **'Dem einzigen Gott sei Herrlichkeit'**. Dieser Text ist dem folgenden Vers aus der Bibel, d.h. aus dem 1. Brief des Apostels Paulus an Timotheus, Vers 17, nachgebildet:

Regi autem sæculorum immortali, invisibili, soli Deo honor et gloria in sæcula sæculorum. Amen.	*Dem König der Ewigkeit, dem unvergänglichen, unsichtbaren, alleinigen Gott, sei Preis und Ruhm von Ewigkeit zu Ewigkeit! Amen.* (1Tim1,17)

Grafik auf dem Innendeckblatt

Auf dem Innendeckblatt wird die Grafik mit dem Namen ARS-Logo verwendet. Sie ist ein Symbol für das GEHEIMNIS DES MENSCHENSOHNES, wie Jesus sich selbst nennt und für das GEHEIMNIS DES GOTTESSOHNES, der zu sein Er uns geoffenbart hat.

Dieses Symbol wird in dem Buch *Emmanuel — Gott mit uns* eingeführt und ausführlich erläutert. In den folgenden Zeilen wird versucht eine knappe Deutung zu geben.

Das Geheimnis des Menschensohnes   Das ARS-Logo stellt symbolisch das GEHEIMNIS DES MENSCHENSOHNES dar, wenn man folgende Interpretation vornimmt: Der griechische Buchstabe λ wird als Symbol ür den LOGOS verwendet. Die drei Buchstaben A, R, S werden folgendermaßen interpretiert:

- A für **Annuntiatio**
  d.h. die Verkündigung Mariens

- R für **Responsio**,
  d.h. die Antwort Mariens

- S für **Synthesis Divina**,
  d.h. die Menschwerdung des LOGOS

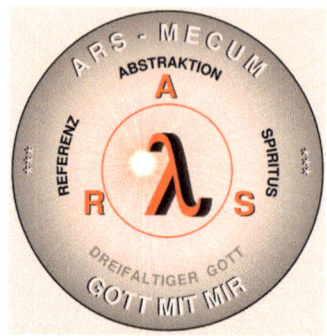

Das Geheimnis des Gottessohnes   Das ARS-Logo symbolisiert das GEHEIM-NIS DES GOTTESSOHNES, wenn man die 3 Buchstaben A,R,S wie folgt inter-pretiert:

- **A** steht jetzt für **Abstraktion** bzw. für *Gott-Vater*,
  d.h. die totale Abstraktion,

- **R** steht jetzt für **Referenz** bzw. für *Gott-Sohn*,
  d.h. die Referenz des Vaters,

- **S** steht jetzt für **Spiritus** bzw. für *Gott-Heiliger-Geist*.
  d.h. Spiritus Sanctus.

Anmerkung zu dem Begriff 'totale Abstraktion'

In seiner Einführung in die Philosophie spricht *Jacques Maritain* von drei Gra-den der Abstraktion und er zeigt auf, wie diese in den verschiedenen Wissen-schaften zur Anwendung kommen (Siehe S. 105 und S. 115, Literaturverzeich-nis[8]).

Der Metaphysik kommt der dritte, der höchste Grad der Abstraktion zu, der Wissenschaft, die nach Aristoteles und dem **hl. Thomas von Aquin** ihre Krönung und Erfüllung findet in der Erkenntnis der Notwendigkeit des *«ipsum esse subsistens»*, des *«ens a se»*, des **aus sich selbst heraus existierenden Wesens, das wir Gott nennen.**

Auf dem Weg des Intellekts gelangen wir zu diesem Wesen nur mit Hilfe einer **atemberaubenden Abstraktion**, die von uns abverlangt, alles zu übersteigen, was sich unseren Sinnen und unserem Geiste als Objekt darbietet.

Auf dem Weg der Mystik, d.h. dem Weg der Verinnerlichung der Glaubenswahrheiten, auf dem wir dem intellektuellen Prozess der totalen Abstraktion mit unseren anderen Fähigkeiten folgen, gelangen wir selbst in **tiefste Finsternis**, die der *hl. Johannes vom Kreuz*, der *Kirchenlehrer der Mystik* und große spanische Dichter, als die *"Dunkle Nacht der Sinne"* bzw. die *"Dunkle Nacht des Geistes"* bezeichnet und in seinen Werken so meisterhaft besungen und beschrieben hat.

Anmerkung zu 'Referenz des Vaters'

Im Evangelium lesen wir folgende Worte, die Jesus an Philippus richtet: **«Wer mich sieht, sieht den Vater.»**

Genau das ist gemeint, wenn wir sagen: Jesus Christus, der LOGOS, ist die Referenz des Vaters. Der Menschensohn, wie sich *Jesus* selbst bezeichnet, ist die **Referenz** *des himmlischen Vaters.*

> *«So lange bin Ich schon bei euch,*
> *und du Philippus, hast Mich nicht erkannt?*
> *Wer Mich gesehen, hat (auch) den Vater gesehen.*
> *Wie kannst du also sagen: 'Zeige uns den Vater'?*
> *Glaubst du nicht, dass Ich im Vater bin*
> *und der Vater in Mir?»*

5

Danksagung

Christiana ist sich bewußt, daß das Licht, das in ihrem Inneren brennt, von IHM kommt, ja daß Er es ist, der sie erleuchtet:

Erat lux vera, quæ illuminat omnem hominem venientem in hunc mundum.	*Er war das wahre Licht, das in die Welt gekommen ist, das jeden Menschen erleuchtet.* *Joh 1,9*

Christianas tröstende Perlen beziehen ihre Kraft aus dem Wort des Evangelisten Johannes:

CREDIDIMUS CARITATI

„Wir haben die Liebe, die Gott zu uns hat, erkannt und an sie geglaubt."

(1Joh4,16)

Dieses Wort der Bibel stellt das **'Fundamentale Leitmotiv'** für dieses Buch dar, d.h. ihm entströmt die grundlegende Motivation und die für die Verfassung des Buches erforderliche Kraft.

Ein zweites Leitmotiv ist bei der Entwicklung dieses Büchleins maßgebend gewesen, das sogenannte **'Transzendentale Leitmotiv'**. Dieses Leitmotiv bezeichnet das Ziel, mit dem im Auge 'Christianas brennendes Licht' verfaßt wurde. Es lautet:

SOLI DEO GLORIA

„Dem Einzigen Gott sei Ehre und Ruhm."

(1Tim1,17)

Für Gottes Liebe, für das Licht und für das unverdiente Geschenk unseres Seins dürfen wir ewig Dank sagen:

Misericordias Domini In Aeternum Cantabo. *(Ps89,2[Vulg])*

„Die Erbarmungen des Herrn will ich in Ewigkeit lobsingen.“

Christiana, Anima Contemplativa[1]   im Juli 2018

---

[1] 'Anima Contemplativa Christiana' heißt übersetzt: *'Eine beschauliche christliche Seele'*

CHRISTIANAS TRÖSTENDE PERLEN AUS PSALM 139

MAGNITUDO DOMINI — **Die Größe des Herrn**

DEUS EST AETERNUS — **Gott ist ewig**

Priusquam montes fierent,
aut formaretur terra, et orbis:
a saeculo et usque in saeculum,
Tu Es Deus.

Bevor die Berge entstanden,
bevor du hervorgebracht die Erde und
die Welt,
bist du, Gott,
von Ewigkeit zu Ewigkeit! — Ps90,2

11

DEUS COGNOSCIT OMNIA — **Gott weiß alles**

Domine, scrutaris me et novisti,
tu novisti me, cum sedeo et cum surgo.

Intellegis cogitationes meas e longin-
quo;
cum ambulo et cum recumbo, tu per-
spicis,
et ad omnes vias meas advertis.

Cum verbum nondum est super lin-
guam meam,
ecce, Domine, iam nosti totum.

*HERR, erforscht hast du mich und
kennst mich.*

*Du prüfst mein Gehen und mein Ruhen,
bist vertraut mit all meinen Wegen. Du
weißt um mein Sitzen und Aufstehen;
meine Gedanken erkennst du von weitem.*

*Noch liegt ein Wort mir nicht auf der
Zunge, schon kennst du, o HERR, es
genau.*

A tergo et a fronte complecteris me, et ponis super me manum tuam.

Von vorn und von hinten hast du mich umschlossen, und legst auf mich deine Hand.

Nimis mirabilis est mihi scientia haec, sublimis: non capio eam. -

Zu wunderbar ist für mich solch Wissen, zu hoch - ich begreife es nicht.
Ps139,1-6

DEUS EST UBIQUE — **Gott ist überall gegenwärtig**

Quo abeam procul a spiritu tuo?
et quo a facie tua fugiam?

*Wohin soll ich gehen vor deinem Geist,
wohin fliehen vor deinem Antlitz?*

Si ascendam in caelum, illic es;
si apud inferos me sternam ades.

*Stiege ich auch zum Himmel hinauf: Du
bist dort. Läge ich auch drunten in der
Unterwelt: Siehe, da bist du.*

Si sumam pennas aurorae,
si habitem in termino maris:

*Nähme ich mir auch des Morgenrots
Schwingen und ließe mich nieder am
Ende des Meeres,*

etiam illic manus tua ducet me,
et tenebit me dextera tua.

*so würde auch dort deine Hand mich
geleiten, mich fassen deine Rechte.*

Si dicam: 'Tenebrae saltem operient me,
et nox instar lucis circumdabit me':

Und dächte ich: Finsternis soll mich verhüllen, zur Nacht soll um mich her werden das Licht,

ipsae tenebrae non erunt obscurae tibi,
et nox sicut dies lucebit:
caligo est tibi sicut lux.

so wäre die Finsternis für dich doch nicht finster: hell wie der Tag ist für dich die Nacht, die Finsternis ist dir wie das Licht. —Ps139,7-12

DEUS CREAVIT NOS — **Gott hat uns erschaffen**

Tu enim formasti renes meos,
texuisti me in utero matris meae.

Meine Nieren hast du ja geschaffen, mich im Schoß meiner Mutter gewoben.

15

Laudo te, quod tam mirifice factus sum,
quod mirabilia sunt opera tua.

Ich danke dir: Erstaunlich, wunderbar
bin ich erschaffen.
Gar wunderbar sind deine Werke. Mei-
ne Seele erkennt das gar wohl.

Et animam meam novisti perfecte,
non latuit te substantia mea,
quando in occulto formabar,
quando texebar in profundis terrae.

Mein Werden war nicht verborgen vor
dir,
als im Verborgenen ich wurde,
gewirkt in irdischen Tiefen.

Actus meos viderunt oculi tui,
et in libro tuo scripti sunt omnes;
dies sunt definiti, priusquam esset vel
unus ex eis.

Deine Augen sahen mich als gestaltlo-
sen Keim,
und in deinem Buch standen schon all
die Tage verzeichnet,
die mir vorausbestimmt wurden,
als noch keiner von ihnen war.

Mihi autem quam ardua sunt consilia
tua, Deus,
quam ingens summa eorum!

O Gott, wie schwer sind für mich deine
Gedanken,
wie unermeßlich ist ihre Zahl!

Si dinumerem ea, plura sunt quam are-
na;
si pervenerim ad finem, adhuc sum tecum.

Wollte ich sie zählen - sie sind zahlrei-
cher als der Sand;
und käme ich ans Ende, wäre ich erst
am Beginn. —Ps139,13-18

MISERICORDIA DOMINI — **Das Erbarmen des Herrn**

IPSE REDIMET ISRAEL — **Er selbst wird Israel erlösen**

De profundis clamavi, ad te Domine:
Domine exaudi vocem meam.

Aus der Tiefe rufe ich, HERR, zu dir. ∗
Höre, o HERR, meine Stimme!

Fiant aures tuae intendentes
in vocem deprecationis meae.

Laß dein Ohr achten auf mein lautes
Flehen!

Si iniquitates observaveris Domine: Domine quis sustinebit?

Wenn du, o Herr, der Sünden gedächtest, o Herr, wer könnte bestehen?

Quia apud te propitiatio est: et propter legem tuam sustinui te Domine.

Doch bei dir ist Vergebung, auf daß man dich fürchte.

Sustinuit anima mea in verbo eius: speravit anima mea in Domino.

Ich hoffe auf den HERRN. *Es hofft meine Seele. Ich harre seiner Verheißung.*

A custodia matutina usque ad noctem, speret Israel in Domino.

Meine Seele hofft auf den Herrn mehr als die Wächter auf den Morgen. Mehr als die Wächter auf den Morgen soll Israel harren des Herrn!

Quia apud Dominum misericordia: et copiosa apud eum redemptio.

Denn beim HERRN *ist Erbarmen. Bei ihm ist reiche Erlösung.*

Et *ipse* redimet Israel ex omnibus iniquitatibus eius.

Ja, er wird Israel erlösen von all seinen Sünden.   —Ps130

CHRISTIANAS FREUDE AN GOTT

Die fundamentalen Eigenschaften Gottes

Gott ist das Sein

> *Da sagte Jesus zu ihnen:*
> *Wahrlich, wahrlich, Ich sage euch:*
> *Ehe Abraham ward, BIN ICH.*

— Joh 8,58

Da sagte Mose zu Gott:

Gut, ich werde also zu den Israeliten kommen und ihnen

sagen:

Der Gott eurer Väter hat mich zu euch gesandt.

Da werden sie mich fragen: Wie heißt er?

Was soll ich ihnen darauf sagen?

Da antwortete Gott dem Mose:

'ICH BIN DER, DER IST.' [2]

Und er fuhr fort:

So sollst du zu den Israeliten sagen:

Der 'Ich bin' [3] hat

mich zu euch gesandt.

— Ex3,13-14

---

[2]Diese Kernstelle der gesamten Heiligen Schrift ist hier der „Neuen Jerusalemer Bibel" entnommen und ins Deutsche übertragen. In Bibl.(3) steht: «Je suis celui qui est.». In Bibl.(4) lautet der Text: 'I am he who is.'. Die Großschreibung der Wörter, die sich auf Gott beziehen, stammt vom Autor dieses Buches.

[3]Siehe auch hier Bibl.(3) und Bibl.(4)

Gott ist die Wahrheit

'Ich bin der Weg,
die Wahrheit
und das Leben. Niemand kommt zum Vater als durch mich.'

— Joh 14,6

'Ich bin dazu geboren
und dazu in die Welt gekommen,
um für die Wahrheit Zeugnis abzulegen.
Wer immer aus der Wahrheit stammt,
der hört auf Meine Stimme.'

— Joh 18,37

Gott ist die Liebe

Gott ist Liebe!
Wer in der Liebe bleibt,
der bleibt in Gott,
und Gott bleibt in ihm.

— 1Joh 4,16

Doch wer nicht liebt, hat Gott nicht verstanden:
Gott ist die Liebe.

— 1Joh 4,8

So sehr hat Gott die Welt geliebt,
daß er seinen eingebornen Sohn hingab,
damit, wer immer an ihn glaubt,
nicht verlorengehe,
vielmehr ewiges Leben habe.

— Joh 3,16

Gott weiß alles — Gottes Erkennen stimmt überein mit dem Sein

'Gott ist größer als unser Herz, und Er weiß alles.'

— 1Joh3,30b

Herr, erforscht hast du mich und du kennst mich.
Du prüfst mein Gehen und mein Ruhen,
bist vertraut mit all meinen Wegen.
Du weißt um mein Sitzen und Aufstehen
meine Gedanken erkennst du von weitem.
Noch liegt ein Wort mir nicht auf der Zunge,
schon kennst du, o Herr, es genau.

— Ps 139,1ff

Das ist die Botschaft,
die wir von Ihm vernommen haben
und die wir euch verkünden:
Gott ist Licht. In Ihm gibt es keine Finsternis.

— 1Joh 1,5

Die menschlichen Gedanken kennt der Herr, wie sie so eitel
sind. -

— Ps 94,11

Denn, mag auch unser Herz uns verdammen,
noch größer, als des Menschen Herz, ist Gott;
Er weiß ja alles.

— 1Joh 3,20

Gott ist unveränderlich

Jede gute Gabe
und jedes vollkommene Geschenk
kommt von oben her,
vom Vater der Lichter,
bei dem es keine Veränderung gibt
und keinen Schatten von Veränderlichkeit.

— Jak 1,17

Gott ist ewig — Gott ist zeitlos

Bevor die Berge noch geboren wurden,
bevor die Erde und die Welt gezeugt,
bist Du von Ewigkeit zu Ewigkeiten, Gott.

— Ps 90,2

Da sagte Jesus zu ihnen:
'Wahrlich, wahrlich, Ich sage euch:
Ehe Abraham ward, bin Ich.'

— Joh 8,58

Gott ist allgegenwärtig

Wohin soll ich vor Deinem Geiste gehen,
wohin vor Deinem Antlitz fliehen?
Wenn ich zum Himmel stiege,
bist Du da;
wenn ich zur Hölle führe,
bist Du hier.
Erwähle ich des Morgens Säume,
und ging ich an das fernste Meer,
auch dort ergriffe Deine Hand mich
und Deine Rechte faßte mich.

— Ps 139,7-10

Gott ist allmächtig — Für Gott ist nichts unmöglich

Da sah sie Jesus an und sprach zu ihnen:
'Bei den Menschen ist es freilich unmöglich;
jedoch bei Gott ist alles möglich.'

— Mt 19,26

Gott ist unendlich vollkommen

Ihr aber sollt vollkommen sein,
wie euer himmlischer Vater vollkommen ist.

— Mt 5,48

Nicht hören sollte, der das Ohr erschafft?
Nicht sehen, der das Auge hat gebildet?

— Ps 94,9

Gott ist das einzig Notwendige

Für Gott, dem Ziel und dem Urgrund aller Dinge ...

— Hebr 2,10

Denn alles ist aus ihm, durch ihn und zu ihm hin;
ihm sei die Ehre für die Ewigkeit. Amen.

— Röm 11,36

Gott ist das höchste Gut

„Du sollst den Herrn, deinen Gott, lieben mit ganzem Her-
zen, mit ganzer Seele und mit all deinen Gedanken."

— Mt22,37

'Gut ist Gott allein.'

— Lk 18,19

Gott ist unendlich schön

Es war Jahwe, der die Himmel erschaffen hat,
in Seiner Gegenwart sind Glanz und Majestät,
in Seinem Heiligtum Macht und Schönheit.

— Ps 96,6 BJ

Und der Logos ist Fleisch geworden
und hat unter uns gewohnt,
und wir haben Seine Herrlichkeit gesehen,
die Herrlichkeit des vom Vater Einziggezeugten,
voll Gnade und Wahrheit.

— Joh 1,14

Gottes Beziehung zu uns Menschen

Gott ist absolut wahrhaftig

Übereinstimmung des Redens mit dem Erkennen

> *Beide ruhen auf der Hoffnung auf das ewige Leben,*
> *das Gott,*
> *der niemals lügt,*
> *vor ewigen Zeiten verheißen hat.*
>
> — Tit 1,2

> *Gott bleibt stets wahrhaftig,*
> *jeder Mensch aber ist ein Lügner;*
>
> — Röm 3,4

Gott ist abolut treu

Übereinstimmung des Handelns mit dem Reden

> *Treu ist der Herr in all Seinen Worten*
> *und gnädig in all Seinem Tun.*
>
> — Ps 145,13 HR

Und wenn wir untreu sind,
er bleibt dennoch treu;
er kann sich selbst ja nicht verleugnen.

— 2Tim 2,13

'Himmel und Erde werden vergehen,
doch Meine Worte werden nicht vergehen.'

— Mt 24,35

Gott ist unendlich heilig

Dein Weg ist heilig, Gott.
Wer ist ein Gott, so groß wie Gott?

— Ps 77,13

Und einer rief dem andern zu und sprach:
'Der Heilige, der Heilige, der Heilige,
der Herr der Heeresscharen!
Sein Ruhm der ganzen Erde Fülle!'

— Jes 6,3

Ich preise alsdann Deine Treue
mit Harfenspiel, mein Gott.
Ich spiele auf der Zither Dir,
Du Heiliger Israels.

— Ps 71,22

Was Gott geschaffen hat, ist gut

Denn alles,
was Gott geschaffen hat, ist gut
und nichts verwerflich,
wenn es nur mit Danksagung genossen wird.

— 1Tim 4,4

Gott liebt die Welt

So sehr hat Gott die Welt geliebt,
daß er seinen eingebornen Sohn hingab,
damit, wer immer an ihn glaubt,
nicht verlorengehe,
vielmehr ewiges Leben habe.

— Joh 3,16

Wenn Gott für uns ist,
wer ist dann gegen uns?
Er, der seines eigenen Sohnes nicht geschont,
vielmehr Ihn für uns alle hingegeben hat,
wie sollte dieser uns
nicht alles auch mit Ihm in Gnaden schenken?

— Röm 8,31-32

Doch wer nicht liebt,
hat Gott nicht verstanden:
Gott ist die Liebe.

— 1Joh 4,8

Du liebst ja alles, was da ist,
verabscheust nichts von dem,
was Du gemacht.
Denn hättest Du etwas gehaßt,
so hättest Du es nicht erschaffen.

— Weish 11,24

Gott ... hat keine Freude am Untergang der Lebenden.

Den Tod hat Gott ja nicht gemacht,
hat keine Freude an dem Untergang der Lebenden.
Zum Sein hat Er alles geschaffen.

— Weish 1,13-14

Gott ist unendlich gerecht

Gerecht ist ja der Herr;
er liebt Gerechtigkeit;
sein Antlitz schauen nur die Redlichen.

— Ps 11,7

Gerechtigkeit übt stets der Herr,
schafft allen Unterdrückten Recht.

— Ps 103,6

Du bist ja kein Gott,
dem das Unrecht gefällt.
Bei Dir hat der Frevler
kein Gastrecht.

— Ps 5,5 HR

Gott ist unendlich barmherzig

'Von den Taten Deiner Huld, Herr, will ich ewig singen.'

— Ps 89,2

Der Herr ist gnädig und barmherzig,
geduldig und von großer Güte.
Der Herr ist gütig gegen alle,
voll Liebe zu Seinen Geschöpfen all.

— Ps 145,8-9

Sagt Dank dem Herrn, denn Er ist gut,
denn ewig währt Sein Erbarmen.

— Ps118,1 BJ

'So seid also barmherzig,
wie euer Vater auch barmherzig ist.'

— Lk 6,36

Gepriesen sei der Gott
und Vater unseres Herrn Jesus Christus,
der Vater der Erbarmungen
und der Gott alles Trostes.

— 2Kor 1,3

Gott aber,
der reich ist an Erbarmen,
hat auch uns in seiner großen Liebe,
in der er uns so sehr geliebt hat,
obwohl wir unserer Sünden wegen tot waren,
dennoch mit Christus zusammen
wieder auferweckt zum Leben.
Aus Gnade seid ihr gerettet.

— Eph 2,4-5

Denn Gott hat Seinen Sohn
nicht dazu in die Welt gesandt,
damit Er die Welt richte,
sondern damit die Welt
durch Ihn gerettet werde.

— Joh 3,17

Als jedoch die Güte und Menschenfreundlichkeit
unseres Heilandes und Gottes erschienen ist,
hat Er uns errettet,
nicht auf Grund von Werken,
die wir in Gerechtigkeit
vielleicht selbst vollbracht hätten,
vielmehr nach Seinem eigenen Erbarmen
durch das Bad der Wiedergeburt
sowie durch die Erneuerung
durch den Heiligen Geist.

— Tit 3,4-5

Wir haben ja nicht einen solchen Hohenpriester,
der nicht mit unseren Schwächen mitfühlen könnte,
sondern einen, der in allem versucht ward
ebenso wie wir,
nur daß es nicht zur Sünde kam.
So laßt uns denn mit Zuversicht
dem Throne der Gnade nahen,
damit wir Barmherzigkeit erlangen
und Gnade finden
für die Hilfe,
wann wir sie bedürfen.

— Hebr 4,15-16

Gott hat einen Sohn, der zu uns gekommen ist

„Und das Wort ist Fleisch geworden und hat unter uns
gewohnt, und wir haben Seine Herrlichkeit gesehen, die
Herrlichkeit des einzigen Sohnes vom Vater, voll Gnade
und Wahrheit."

— Joh 1,14

Mir ist von Meinem Vater alles übergeben,
und niemand kennt den Sohn als nur der Vater,
und niemand kennt den Vater als allein der Sohn,
und wem der Sohn es offenbaren will.

— Mt 11,27

Ich und der Vater sind eins. — Joh 10,30

Denn wie der Vater
in sich selber das Leben hat,
so hat Er auch dem Sohn verliehen,
das Leben in sich selbst zu haben.

— Joh 5,26

Denn wie der Vater Tote auferweckt und lebendig macht,
so macht auch der Sohn lebendig, wen Er will.
Auch richtet der Vater niemand,
vielmehr hat Er das Gericht ganz dem Sohn überlassen,
damit alle den Sohn ehren,
wie sie den Vater ehren.

— Joh 5,21-23

Im Anfang war das Wort,
und das Wort war bei Gott,
und Gott war das Wort.
Dieses war im Anfang bei Gott;
alles ist durch es geworden,
und nichts von dem,
was geworden ist,
ward ohne dieses.

— Joh 1,1-3

Und das Wort ist Fleisch geworden
und hat unter uns gewohnt.
Wir haben Seine herrliche Gestalt gesehen,
herrlich wie die eines Eingeborenen des Vaters,
voll Gnade und Wahrheit.

— Joh 1,14

Da sprach Philippus zu Ihm:
'Herr, zeige uns den Vater, und das ist uns genug.'
Und Jesus sprach zu ihm:
'So lange schon bin Ich bei euch,
und du kennst mich immer noch nicht, Philippus?
Wer Mich gesehen hat,
der hat auch den Vater gesehen.
Wie kannst du sagen:
'Zeige uns den Vater?'
Glaubst du denn nicht,
daß Ich im Vater bin
und daß der Vater in Mir ist?

Die Worte, die Ich zu euch rede,
sage Ich nicht aus Mir selber;
der Vater, der in Mir bleibt,
vollbringt die Werke selber.

— Joh 14,8-10

Er ist das Abbild
des unsichtbaren Gottes,
der Erstgeborene vor aller Schöpfung;

— Kol 1,15

Da sagte Jesus zu ihnen:
'Wahrlich, wahrlich, Ich sage euch:
Ehe Abraham ward, bin Ich.'

— Joh 8,58

Jesus hat uns den Geist Gottes als Beistand verheißen

'Ich will den Vater bitten,
und Er wird euch einen anderen Beistand verleihen,
damit Er in Ewigkeit bei euch bleibe:'

— Joh 14,16

'Dies habe Ich zu euch gesagt,
da Ich noch bei euch weile.
Jedoch der Heilige Geist,
der Beistand, den der Vater
in Meinem Namen senden wird,
wird euch alles lehren
und euch an alles erinnern,
was Ich euch gesagt habe.'

— Joh 14,25-26

Wenn dann der Beistand kommt,
den Ich euch vom Vater senden werde,
der Geist der Wahrheit,
der vom Vater ausgeht,
so wird Er Zeugnis über Mich ablegen.

— Joh 15,26

Gott hat es durch den Geist uns geoffenbart;
der Geist ergründet nämlich alles,
selbst die Tiefen der Gottheit.

— 1 Kor 2,10

43

Nach diesen Worten
hauchte Er sie an und sprach:
'Empfanget den Heiligen Geist!
Welchen ihr die Sünden nachlasset,
denen sind sie nachgelassen,
und welchen ihr sie behaltet,
denen sind sie behalten.'

— Joh 20,22-23

Die Hoffnung aber läßt nicht zu Schanden werden;
denn die Liebe Gottes
ist in unsere Herzen ausgegossen
durch den Heiligen Geist,
der uns verliehen wurde.

— Röm 5,5

Da kam die Fülle der Zeit,
und Gott sandte Seinen Sohn,
der, vom Weib geboren, dem Gesetz unterworfen war.
Er sollte die,
die unter dem Gesetze standen, loskaufen,
und wir sollten die Annahme an Sohnes Statt erhalten.
Weil ihr nun Söhne seid,
so sandte Gott in unsere Herzen
den Geist seines Sohnes,
und dieser ruft: 'Abba! Vater!'

— Gal 4,4-6

Wenn ihr dann ausgeliefert seid,
so macht euch keine Sorge,
wie und was ihr reden sollt.
es wird euch in jener Stunde
eingegeben werden,
was ihr zu reden habt.
Denn alsdann seid nicht ihr es,
die da reden,
vielmehr ist es der Geist eures Vaters,
der aus euch redet.

— Mt 10,19-20

Die Frucht des Geistes aber ist
Liebe, Freude, Friede,
Geduld, Milde, Güte, Treue,
Sanftmut, Enthaltsamkeit.
Dagegen richtet sich kein Gesetz.

— Gal 5,22-23 HR

Gott ist der Gott des Lebens

'Ich bin gekommen, damit sie das Leben haben und es in Fülle haben.'

— Joh10,10

Doch Jesus sprach zu ihr:
'Wenn du die Gabe Gottes kenntest
und den, der dich gebeten:
„Gib mir zu trinken",

45

so hättest du Ihn wohl gebeten,
und Er würde dir fließendes Wasser geben.'

— Joh 4,10

Jesus sprach zu ihr:
'Wer von diesem Wasser trinkt,
den wird es wieder dürsten;
wer aber von dem Wasser trinkt,
das Ich ihm gebe,
den wird es in Ewigkeit nicht dürsten.
Das Wasser, das Ich ihm geben werde,
wird vielmehr in ihm ein Brunnen werden,
dessen Wasser in das ewige Leben weiterfließt.'

— Joh 4,13-14

Denn wie der Vater in sich selber das Leben hat,
so hat Er auch dem Sohn verliehen,
das Leben in sich selbst zu haben.

— Joh 5,26

Da sagte Jesus:
'Wahrlich, wahrlich, Ich sage euch:
Nicht Mose hat euch das Brot vom Himmel gegeben,
sondern Mein Vater gibt euch das wahre Brot vom Him-
mel.
Denn das Brot Gottes ist der,
der vom Himmel herabkommt
und der Welt das Leben spendet.'

— Joh 6,32-33 HR

'Ich bin das Brot des Lebens.
Wer zu Mir kommt,
den wird es nicht mehr hungern;
wer an Mich glaubt,
den wird es nie mehr dürsten.
Indes, ich habe es euch ja schon gesagt:
Ihr habt Mich zwar gesehen,
doch ihr glaubt nicht.
Alles, was Mir der Vater gibt,
das kommt zu Mir,
und wer zu Mir kommt,
den stoße Ich nicht zurück.
Ich bin vom Himmel herabgestiegen,
nicht um Meinen eigenen Willen zu vollbringen,
sondern den Willen dessen,
der Mich gesandt hat.
Das aber ist der Wille dessen,
der Mich gesandt hat:
Ich soll nichts von dem,
was er Mir gegeben hat,
verlorengehen lassen,
vielmehr es auferwecken am Jüngsten Tage.'

— Joh 6,35-39

’Ich bin das lebendige Brot,
das aus dem Himmel gekommen ist.
Wer von diesem Brot ißt,
wird ewig leben.
Das Brot, das Ich geben werde,
ist Mein Fleisch für das Leben der Welt.’

— Joh 6,51

’Wahrlich, wahrlich, Ich sage euch:
Wenn ihr das Fleisch des Menschensohnes nicht essen
und Sein Blut nicht trinken werdet,
so werdet ihr das Leben nicht in euch haben.
Wer Mein Fleisch ißt
und Mein Blut trinkt,
hat ewiges Leben,
und Ich werde ihn auferwecken am Jüngsten Tage.’

— Joh 6,53-54

’Wie Mich der lebendige Vater gesandt hat
und Ich kraft des Vaters lebe,
so wird auch,
wer Mich ißt,
durch Mich leben.
So ist das Brot,
das aus dem Himmel herabgekommen ist,
nicht wie jenes, das die Väter gegessen haben,
die gestorben sind.
Wer dieses Brot ißt, wird ewig leben.’

— Joh 6,57-58

'Ich bin die Auferstehung und das Leben.
Wer an Mich glaubt,
wird leben, auch wenn er gestorben ist.
Wer aber lebt und an Mich glaubt,
wird in Ewigkeit nicht sterben.
Glaubst du das?'

— Joh 11,25-26

Da sagte Thomas zu ihm:
'Herr, wir wissen nicht, wohin Du gehst.
Wie sollten wir da den Weg kennen?'
Jesus sprach zu ihm:

'Ich bin der Weg, die Wahrheit und das Leben.
Niemand kommt zum Vater als durch Mich.
Wenn ihr Mich kenntet,
so würdet ihr auch Meinen Vater kennen.
Jedoch von nun an kennt ihr Ihn,
ihr habt Ihn ja gesehen.'

— Joh 14,5-7

50

Ich komme, damit sie Leben haben,
ja, damit sie es überreichlich haben.

— Joh 10,10

Gott des Lichtes

Da kam das wahre Licht,
das jeden Menschen erleuchtet,
in diese Welt.

— Joh 1,9

'Solange Ich in der Welt bin,
bin Ich das Licht der Welt.'

— Joh 9,5

'Ich bin das Licht der Welt.
Wer Mir nachfolgt,
wird nicht im Finstern wandeln,
sondern das Licht des Lebens haben.'

— Joh 8,12

'Ich bin als Licht in die Welt gekommen,
damit keiner, der an Mich glaubt,
im Finstern bleibe.'

— Joh 12,46

Das ist die Botschaft,
die wir von Ihm vernommen haben
und die wir euch verkünden:

Gott ist Licht.
In Ihm gibt es keine Finsternis.

— 1Joh 1,5

Gott des Friedens

'Das habe Ich zu euch gesagt,
auf daß ihr Frieden in Mir habet.
In der Welt leidet ihr Drangsal;
doch seid getrost:
Ich habe die Welt überwunden.'

— Joh 16,33

Im übrigen, meine Brüder,
freut euch,
laßt euch wieder zurechtbringen,
ermuntert euch
und lebt in Einigkeit
und haltet Frieden;
der Gott der Liebe
und des Friedens
wird dann mit euch sein.

— 2Kor 13,11

Der Gott des Friedens
sei mit euch allen! Amen.

— Röm 15,33

Der Friede Gottes,
der jedes Begreifen übersteigt,
wird eure Herzen
und eure Gedanken
in Christus Jesus behüten.

— Phil 4,7

Selig die Friedensstifter;
denn sie werden Söhne Gottes heißen.

— Mt 5,9

Die Frucht des Geistes aber ist
Liebe, Freude, Friede,
Geduld, Milde, Güte, Treue,
Sanftmut, Enthaltsamkeit.

— Gal 5,22-23 HR

Im Reiche Gottes
handelt es sich nicht um Essen oder um Trinken,
sondern um Gerechtigkeit,
Friede und Freude im Heiligen Geiste.

— Röm 14,17

Er aber, der Herr des Friedens,
schenke euch Frieden immerdar
und auf alle Weise.
Der Herr sei mit euch allen!

— 2Thess 3,16

Unser Vater

Ihr aber sollt also beten:
Vater unser,
der du bist im Himmel,
geheiligt werde Dein Name.
Zu uns komme Dein Reich.
Dein Wille geschehe, wie im Himmel also auch auf Erden.
Unser tägliches Brot gib uns heute.
Vergib uns unsere Schuld, wie auch wir vergeben unsern
Schuldigern.
Und führe uns nicht in Versuchung, sondern erlöse uns von
dem Übel.

— Mt 6,9-13

In Jesus hat Gott uns alles gegeben, was wir brauchen

Er, der Seines eigenen Sohnes nicht geschont,
vielmehr ihn für uns alle hingegeben hat,
wie sollte dieser uns nicht alles
auch mit Ihm in Gnaden schenken?

— Röm 8,32

Wohnt doch in Ihm
die ganze Fülle der Gottheit wesenhaft.
Ihr habt teil an dieser Fülle in Ihm,
dem Haupte jeder Macht und Kraft.

— Kol 2,9-10

Dieser ist Mein geliebter Sohn,
auf dem Mein ganzes Wohlgefallen ruht;
auf Ihn sollt ihr hören.

— Mt 17,5

'Wenn du die Gabe Gottes kenntest ...'

— Joh 4,10

'Wer Mich liebt,
der wird Mein Wort bewahren;
ihn wird Mein Vater lieben;
zu diesem kommen Wir und nehmen bei ihm Wohnung.'

— Joh 14,23

'Bleibt in Mir, dann bleibe Ich in euch.'

— Joh 15,4

Wer nun bekennt:
Jesus ist der Sohn Gottes,
in dem bleibt Gott und er in Gott.

— 1Joh 4,15

An jenem Tage werdet ihr verstehen,
daß Ich in Meinem Vater bin
und daß Ihr in Mir seid
und Ich in euch bin.

— Joh 14,20

Gott ist Liebe!
Wer in der Liebe bleibt,
der bleibt in Gott,
und Gott bleibt in ihm.

— 1Joh 4,16

Ich will den Vater bitten,
und Er wird euch einen anderen Beistand verleihen,
damit Er in Ewigkeit bei euch bleibe:
den Geist der Wahrheit.
Die Welt kann Ihn nicht empfangen,
weil sie Ihn weder sieht noch kennt.
Ihr aber kennt Ihn;
Er bleibt bei euch und wird in euch sein.

— Joh 14,16-17

Jesus ist das Licht der Welt

'Ich bin das Licht der Welt.
Wer mir nachfolgt,
wird nicht im Finstern wandeln,
sondern das Licht des Lebens haben.'

— Joh 8,12

Jesus ist unsere einzigen Hoffnung

Ihnen wollte Gott kundtun,
was der herrliche Reichtum dieses Geheimnisses unter den
Völkern ist:
Es ist Christus unter euch,
die Hoffnung auf Herrlichkeit! (HR)

— Kol 1,27

Er aber, Jesus Christus,
unser Herr und Gott, unser Vater,
der uns geliebt
und uns steten Trost
und gute Hoffnung gnädiglich verliehen hat,
ermuntere eure Herzen
und stärke sie zu jedem Werk und gutem Wort.

— 2Thess 2,16-17

Gepriesen sei der Gott
und Vater unseres Herrn Jesus Christus.
In seiner großen Huld
hat er uns wiedergeboren zu einer lebendigen Hoffnung
durch die Auferstehung Jesu Christi von den Toten;
zu einem unvergänglichen,
unbefleckten
und unverwelklichen Erbe,
das in den Himmeln
für euch aufbewahrt ist ...

— 1Petr 1,3-4

Doch da kam eine Wolke,
die ihren Schatten auf sie warf,
und eine Stimme aus der Wolke sprach:
'Das ist Mein vielgeliebter Sohn;
auf diesen sollt ihr hören.'

— Mk 9,7

Auch einer der Verbrecher,
die am Kreuze hingen,
lästerte ihn:
Bist du nicht der Messias?
Rette dich und uns!
Der andere indes verwies es ihm und sprach:
Fürchtest auch du Gott nicht,
obwohl du selbst die gleiche Strafe leidest?
Wir allerdings mit Recht;
denn wir empfangen die gerechte Strafe für unsere Taten,
doch dieser hat nichts Böses getan.
Er bat:
Jesus, gedenke meiner,
wenn Du in deiner Königsherrlichkeit erscheinst.
Er sprach zu ihm:
'Wahrlich, ich sage dir:
Heute noch wirst du mit Mir im Paradiese sein.'

— Lk 23,39-43

Für mich ist's Seligkeit,
mich Gott zu nahen.
Ich setze meine Hoffnung auf den Herrn,

— Ps 73,28

Herr, Du hast uns für Dich erschaffen
und unser Herz ist unruhig,
bis es ruhet in Dir.

— Hl.Augustinus

Das Leben in Gott

Unser Leben in Gott: Glaube, Hoffnund und Liebe

Für jetzt bleiben Glaube, Hoffnung und Liebe, diese drei.
Am höchsten aber steht die Liebe.

— 1Kor : 13

Das Hohelid der Liebe

Wenn ich mit Menschen- und Engelszungen redete, hätte aber die Lie-
be nicht, so wäre ich nur ein tönendes Erz oder eine gellende Zim-
*bel. **

Und wenn ich die Prophetengabe hätte und alle Geheimnisse durch-
schaute und alle Erkenntnis besäße, und wenn ich allen Glauben
hätte, so daß ich Berge versetzte, hätte aber die Liebe nicht, so
wäre ich nichts.

Und wenn ich meinen ganzen Besitz den Armen zuteilte und wenn ich
meinen Leib den Flammen preisgäbe, hätte aber die Liebe nicht,
so nützte es mir nichts.

Die Liebe ist langmütig, die Liebe ist gütig, die Liebe ist nicht ei-
fersüchtig. Sie prahlt nicht, überhebt sich nicht,

sie handelt nicht unschicklich, sucht nicht das Ihre, kennt keine Erbit-
terung, trägt das Böse nicht nach.

Am Unrecht hat sie kein Gefallen, freut sich aber an der Wahrheit.

Alles erträgt sie, alles glaubt sie, alles erhofft sie, alles erduldet sie.

Die Liebe hört niemals auf; Prophetengaben verschwinden, Sprachen-
gaben hören auf, Erkenntnis vergeht.

Denn Stückwerk ist unser Erkennen, Stückwerk unser Prophezeien.

61

Kommt aber das Vollkommene, vergeht das Stückwerk.

Als ich ein Kind war, redete ich wie ein Kind, dachte ich wie ein Kind, urteilte ich wie ein Kind. Als ich ein Mann geworden war, legte ich das Kindhafte ab.

Jetzt schauen wir durch einen Spiegel, unklar, dann aber von Angesicht zu Angesicht. Noch ist mein Erkennen Stückwerk, dann aber werde ich erkennen, wie auch ich erkannt worden bin.

Für jetzt bleiben Glaube, Hoffnung und Liebe, diese drei. Am höchsten aber steht die Liebe.   — 1Kor : 13

CHRISTIANAS SIEGESZUVERSICHT

FIDUCIA VICTORIAE — **Siegeszuversicht**

APPREHENDISTI MANUM DEXTERAM MEAM — **Du hältst mich an meiner Rechten**

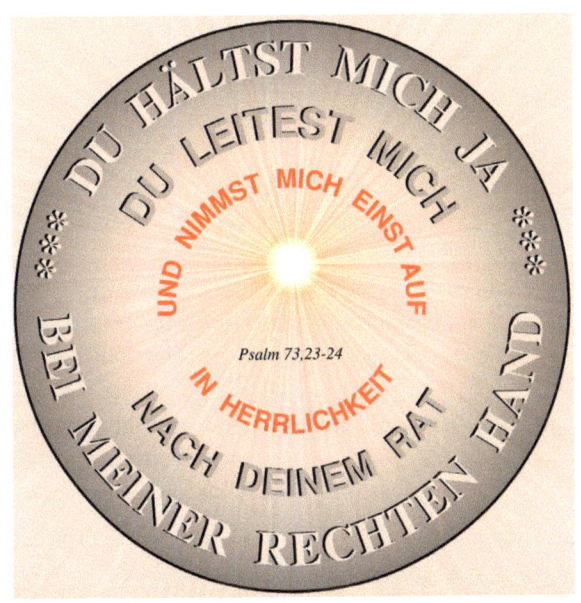

Quando (18) exasperabatur mens mea, et cor meum pungebatur,

Fürwahr, als Bitterkeit mein Herz verzehrte und scharf der Schmerz in meinen Nieren stach,

Ego insipiens eram neque intellegebam:
ut iumentum fui coram te.

da war ich wie ein Tier, der Einsicht ledig, wie dummes Vieh, so stand ich vor dir da.

Ego autem semper tecum ero:
apprehendisti manum dexteram meam

Und dennoch blieb beständig ich bei dir; du hattest bei der Rechten mich ergriffen.

Consilio tuo deduces me,
et in gloriam tandem suscipies me.

Nach deinem Ratschluß hast du mich geführt und wirst hernach zur Herrlichkeit mich holen.

Quis praeter te mihi est in caelo?
et, si tecum sum, non delectat me terra.

Was habe ich denn im Himmel? Bin ich bei dir, freut mich nichts mehr auf Erden!

Deficit caro mea et cor meum,
Petra cordis mei et pars mea Deus in aeternum.

Mögen Leib und Herz sich in Sehnsucht verzehren: Gott bleibt meines Herzens Hort, mein Erbteil auf ewig.

Ecce enim, qui recedunt a te, peribunt,
perdis omnes qui fornicantur abs te.

Denn siehe, zugrunde gehen, die von dir weichen. Alle, die dich treulos verlassen, raffst du hinweg.

Mihi autem bonum est prope Deum esse,
ponere in Domino Deo refugium meum.

Mich aber macht selig die Nähe Gottes. Mein Vertrauen setze ich nur auf den allmächtigen Herrn. -

Enarrabo omnia opera tua
in portis filiae Sion.

Alle deine Taten will ich besingen. —
Ps73,21-28

CONFIDITE, EGO VICI MUNDUM — **Habt Mut, Ich habe die Welt besiegt**

Haec locutus sum vobis,
ut in me pacem habeatis.

Dies habe ich zu euch gesagt,
damit ihr in mir Frieden habt.

In mundo pressuram habebitis;
sed confidite, ego vici mundum.

In der Welt habt ihr Drangsal; aber seid
getrost, ich habe die Welt überwunden.
— Joh 16,33)

ET ECCE, EGO VOBISCUM SUM — **Seid gewiß: Ich bin bei euch**

Et ecce ego vobiscum sum omnibus
diebus usque ad consummationem sae-
culi.

"Seht, ich bin bei euch alle Tage bis
zum Ende der Welt."   —Mt28,20

EGO SUM RESURRECTION ET VITA — **Ich bin die Auferstehung und das Leben**

Ego sum resurrection et vita.
Qui credit in me,
etiam si mortuus fuerit, vivet.

"Ich bin die Auferstehung und das Leben.
Wer an mich glaubt,
wird leben, auch wenn er stirbt;

Et omnis qui vivit et credit in me,
non morietur in aeternum. Credis hoc?

und jeder, der im Glauben an mich lebt,
wird niemals sterben. Glaubst du das?"
—Joh 11,25-26

VITA AETERNA — **Das ewige Leben**

Non esurient, neque sitient amplius,
nec cadet super illos sol, neque ullus
aestus.
Neque nubent, nec ducent uxores: ne-
que enim ultra mori poterunt:
aequales enim sunt Angelis, et filii sunt
Dei.

Sie werden nicht mehr hungern und
nicht dürsten;
Sonnenglut und Hitze wird sie nicht
mehr treffen.
... Sie nehmen nicht mehr zur Ehe und
werden nicht mehr zur Ehe genommen.
Sie können ja auch nicht mehr sterben;
denn sie sind den Engeln gleich und
Kinder Gottes,

Quoniam Agnus, qui in medio throni
est, reget illos,
et deducet eos ad vitae fontes aquarum,
et absterget Deus omnem lacrymam ab
oculis eorum.

Denn das Lamm, das mitten vor dem
Thron steht, wird sie weiden
und zu den Wasserquellen des Lebens
führen,
und Gott wird jede Träne abwischen
von ihren Augen.

Et videbunt faciem eius: et nomen eius

Sie werden sein Angesicht sehen und

in frontibus eorum.   seinen Namen auf ihrer Stirn tragen.

Et nox ultra non erit: Nacht wird nicht mehr sein,
et non egebunt lumine lucernae, neque man braucht weder Lampen- noch Son-
lumine solis,   nenlicht,
quoniam Dominus Deus illuminabit il-   denn Gott, der Herr, wird über ihnen
los,   leuchten,
et regnabunt in saecula saeculorum.   und sie werden herrschen in alle Ewig-
                                         keit. — Offb 7,16; Lk 20,36; Offb 7,17; Offb
                                         22,4-5

ICH MACHE ALLES NEU!

Er wird jede Träne von ihren Augen wegwischen. Der Tod wird nicht mehr sein, weder Trauer noch Klage noch Schmerz wird mehr sein. Denn das erste ist vergangen.'

Und der auf dem Thron sitzt, sprach:

'Siehe, ich mache alles neu.'

... Ich bin das Alpha und das Omega, der Anfang und das Ende.

— Apc/Offb 21,4-6 —